LISTE INTÉGRALE DES COMPTES

2021
2022

Plan Comptable Général

AUTORISÉ
AUX EXAMENS ET CONCOURS

1 COMPTES DE CAPITAUX
2 COMPTES D'IMMOBILISATIONS
3 COMPTES DE STOCKS ET D'EN-COURS
4 COMPTES DE TIERS
5 COMPTES FINANCIERS
6 COMPTES DE CHARGES
7 COMPTES DE PRODUITS
8 COMPTES SPÉCIAUX

Nathan

Comptes de bilan

1 COMPTES DE CAPITAUX

2 COMPTES D'IMMOBILISATIONS

3 COMPTES DE STOCKS ET D'EN-COURS

4 COMPTES DE TIERS

5 COMPTES FINANCIERS

Comptes de gestion

6 COMPTES DE CHARGES

7 COMPTES DE PRODUITS

8 COMPTES SPÉCIAUX

DISTINCTION DES TROIS SYSTÈMES

- SYSTÈME ABRÉGÉ

Comptes imprimés en noir gras

- SYSTÈME DE BASE

Comptes imprimés en noir

- SYSTÈME DÉVELOPPÉ

Tous les comptes (en noir et en bleu)

Cette distinction ne concerne que les classes 1 à 7

ISBN 978-2-09-167235-9
Achevé d'imprimer en ESPAGNE par SOLER.

COMPTES DE CAPITAUX

Comptes de bilan

10. CAPITAL ET RÉSERVES

- **101. Capital.**
  - 1011. Capital souscrit - non appelé.
  - 1012. Capital souscrit - appelé, non versé.
  - 1013. Capital souscrit - appelé, versé.
    - 10131. Capital non amorti.
    - 10132. Capital amorti.
  - 1018. Capital souscrit soumis à des réglementations particulières.
- **102. Fonds fiduciaires.**
- **104. Primes liées au capital social.**
  - 1041. Primes d'émission.
  - 1042. Primes de fusion.
  - 1043. Primes d'apport.
  - 1044. Primes de conversion d'obligations en actions.
  - 1045. Bons de souscription d'actions.
- **105. Écarts de réévaluation.**
  - 1051. Réserve spéciale de réévaluation.
  - 1052. Écart de réévaluation libre.
  - 1053. Réserve de réévaluation.
  - 1055. Écarts de réévaluation (autres opérations légales).
  - 1057. Autres écarts de réévaluation en France.
  - 1058. Autres écarts de réévaluation à l'étranger.
- 106. Réserves.
  - **1061. Réserve légale.**
    - 10611. Réserve légale proprement dite.
    - 10612. Plus-values nettes à long terme.
  - 1062. Réserves indisponibles.
  - **1063. Réserves statutaires ou contractuelles.**
  - **1064. Réserves réglementées.**
    - 10641. Plus-values nettes à long terme.
    - 10643. Réserves consécutives à l'octroi de subventions d'investissement.
    - 10648. Autres réserves réglementées.
  - **1068. Autres réserves.**
    - 10681. Réserve de propre assureur.
    - 10688. Réserves diverses.
- 107. Écart d'équivalence.
- **108. Compte de l'exploitant.**
- 109. Actionnaires : capital souscrit – non appelé.

11. REPORT À NOUVEAU (solde créditeur ou débiteur).

- 110. Report à nouveau (solde créditeur).
- 119. Report à nouveau (solde débiteur).

12. RÉSULTAT DE L'EXERCICE (bénéfice ou perte).

- 120. Résultat de l'exercice (bénéfice).

COMPTES SPÉCIAUX

80. ENGAGEMENTS.

- **801. Engagements donnés par l'entité.**
  - 8011. Avals, cautions, garanties.
  - 8014. Effets circulant sous l'endos de l'entité.
  - 8016. Redevances crédit-bail restant à courir.
    - 80161. Crédit-bail mobilier.
    - 80165. Crédit-bail immobilier.
  - 8018. Autres engagements donnés.
- **802. Engagements reçus par l'entité.**
  - 8021. Avals, cautions, garanties.
  - 8024. Créances escomptées non échues.
  - 8026. Engagements reçus pour utilisation en crédit-bail.
    - 80261. Crédit-bail mobilier.
    - 80265. Crédit-bail immobilier.
  - 8028. Autres engagements reçus.
- **809. Contrepartie des engagements.**
  - 8091. Contrepartie 801.
  - 8092. Contrepartie 802.

88. RÉSULTAT EN INSTANCE D'AFFECTATION.

89. BILAN.

- 890. Bilan d'ouverture.
- 891. Bilan de clôture.

7816. Reprises sur dépréciations des immobilisations incorporelles et corporelles.
- 78161. Immobilisations incorporelles.
- 78162. Immobilisations corporelles.

7817. Reprises sur dépréciations des actifs circulants.
- 78173. Stocks et en-cours.
- 78174. Créances.

786. Reprises sur dépréciations et provisions (à inscrire dans les produits financiers).

7865. Reprises sur provisions financières.

7866. Reprises sur dépréciations des éléments financiers.
- 78662. Immobilisations financières.
- 78665. Valeurs mobilières de placement.

787. Reprises sur dépréciations et provisions (à inscrire dans les produits exceptionnels).

7872. Reprises sur provisions réglementées (immobilisations).
- 78725. Amortissements dérogatoires.
- 78726. Provision spéciale de réévaluation.
- 78727. Plus-values réinvesties.

7873. Reprises sur provisions réglementées (stocks).

7874. Reprises sur autres provisions réglementées.

7875. Reprises sur provisions exceptionnelles.

7876. Reprises pour dépréciations exceptionnelles.

79. TRANSFERTS DE CHARGES.

791. Transferts de charges d'exploitation.

796. Transferts de charges financières.

797. Transferts de charges exceptionnelles.

- 129. Résultat de l'exercice (perte).

13. SUBVENTIONS D'INVESTISSEMENT.

- 131. Subventions d'équipement.
  - 1311. État.
  - 1312. Régions.
  - 1313. Départements.
  - 1314. Communes.
  - 1315. Collectivités publiques.
  - 1316. Entreprises publiques.
  - 1317. Entreprises et organismes privés.
  - 1318. Autres.
- 138. Autres subventions d'investissement*.
- 139. Subventions d'investissement inscrites au compte de résultat.
  - 1391. Subventions d'équipement.
    - 13911. État.
    - 13912. Régions.
    - 13913. Départements.
    - 13914. Communes.
    - 13915. Collectivités publiques.
    - 13916. Entreprises publiques.
    - 13917. Entreprises et organismes privés.
    - 13918. Autres.
  - 1398. Autres subventions d'investissement*.

14. PROVISIONS RÉGLEMENTÉES.

- 142. Provisions réglementées relatives aux immobilisations.
  - 1423. Provisions pour reconstitution des gisements miniers et pétroliers.
  - 1424. Provisions pour investissement (participation des salariés).
- 143. Provisions réglementées relatives aux stocks.
  - 1431. Hausse des prix.
  - 1432. Fluctuation des cours.
- 144. Provisions réglementées relatives aux autres éléments de l'actif.
- **145. Amortissements dérogatoires.**
- **146. Provision spéciale de réévaluation.**
- **147. Plus-values réinvesties.**
- **148. Autres provisions réglementées.**

15. PROVISIONS

- 151. Provisions pour risques.
  - 1511. Provisions pour litiges.
  - 1512. Provisions pour garanties données aux clients.
  - 1513. Provisions pour pertes sur marchés à terme.
  - 1514. Provisions pour amendes et pénalités.

- 1515. Provisions pour pertes de change.
- 1516 Provisions pour pertes sur contrats.
- 1518. Autres provisions pour risques.

- 153. Provisions pour pensions et obligations similaires.
- 154. Provisions pour restructurations.
- 155. Provisions pour impôts.
- 156. Provisions pour renouvellement des immobilisations (entreprises concessionnaires).
- 157. Provisions pour charges à répartir sur plusieurs exercices.
  - 1572. Provisions pour gros entretien ou grandes révisions.
- 158. Autres provisions pour charges.
  - 1581. Provisions pour remises en état.

16. EMPRUNTS ET DETTES ASSIMILÉES.

- 161. Emprunts obligataires convertibles.
- 162. Obligations représentatives de passifs nets remis en fiducie.
- 163. Autres emprunts obligataires.
- 164. Emprunts auprès des établissements de crédit.
- 165. Dépôts et cautionnements reçus.
  - 1651. Dépôts.
  - 1655. Cautionnements.
- 166. Participation des salariés aux résultats.
  - 1661. Comptes bloqués.
  - 1662. Fonds de participation.
- 167. Emprunts et dettes assortis de conditions particulières.
  - 1671. Émissions de titres participatifs.
  - 1674. Avances conditionnées de l'État.
  - 1675. Emprunts participatifs.
- 168. Autres emprunts et dettes assimilées.
  - 1681. Autres emprunts.
  - 1685. Rentes viagères capitalisées.
  - 1687. Autres dettes.
  - 1688. Intérêts courus.
    - 16881. Sur emprunts obligataires convertibles.
    - 16883. Sur autres emprunts obligataires.
    - 16884. Sur emprunts auprès des établissements de crédit.
    - 16885. Sur dépôts et cautionnements reçus.
    - 16886. Sur participation des salariés aux résultats.
    - 16887. Sur emprunts et dettes assortis de conditions particulières.
    - 16888. Sur autres emprunts et dettes assimilées.
- 169. Primes de remboursement des obligations.

- 765. Escomptes obtenus.
- 766. Gains de change financiers.
- 767. Produits nets sur cessions de valeurs mobilières de placement.
- 768. Autres produits financiers.

77. PRODUITS EXCEPTIONNELS.

- 771. Produits exceptionnels sur opérations de gestion.
  - 7711. Dédits et pénalités perçus sur achats et sur ventes.
  - 7713. Libéralités reçues.
  - 7714. Rentrées sur créances amorties.
  - 7715. Subventions d'équilibre.
  - 7717. Dégrèvements d'impôts autres qu'impôts sur les bénéfices.
  - 7718. Autres produits exceptionnels sur opérations de gestion.
- 772. (Compte à la disposition des entités pour enregistrer, en cours d'exercice, les produits sur exercices antérieurs.)
- 774. Opérations de constitution ou liquidation des fiducies.
  - 7741. Opérations liées à la constitution de la fiducie – Transfert des éléments.
  - 7742. Opérations liées à la liquidation de la fiducie.
- 775. Produits des cessions d'éléments d'actif.
  - 7751. Immobilisations incorporelles
  - 7752. Immobilisations corporelles.
  - 7756. Immobilisations financières.
  - 7758. Autres éléments d'actif.
- 777. Quote-part des subventions d'investissement virée au résultat de l'exercice.
- 778. Autres produits exceptionnels.
  - 7781. Bonis provenant de clauses d'indexation.
  - 7782. Lots.
  - 7783. Bonis provenant du rachat par l'entreprise d'actions et d'obligations émises par elle-même.
  - 7788. Produits exceptionnels divers.

78. REPRISES SUR AMORTISSEMENTS, DÉPRÉCIATIONS ET PROVISIONS.

- **781. Reprises sur amortissements, dépréciations et provisions (à inscrire dans les produits d'exploitation).**
  - 7811. Reprises sur amortissements des immobilisations incorporelles et corporelles.
    - 78111. Immobilisations incorporelles.
    - 78112. Immobilisations corporelles.
  - 7815. Reprises sur provisions d'exploitation.

COMPTES DE PRODUITS

Comptes de gestion

70. VENTES DE PRODUITS FABRIQUÉS, PRESTATIONS DE SERVICES, MARCHANDISES.

- **701. Ventes de produits finis.**
  - 7011. Produits finis (ou groupe) A.
  - 7012. Produits finis (ou groupe) B.
- 702. Ventes de produits intermédiaires.
- 703. Ventes de produits résiduels.
- 704. Travaux.
  - 7041. Travaux de catégorie (ou activité) A.
  - 7042. Travaux de catégorie (ou activité) B.
- 705. Études.
- **706. Prestations de services.**
- **707. Ventes de marchandises.**
  - 7071. Marchandises (ou groupe) A.
  - 7072. Marchandises (ou groupe) B.
- **708. Produits des activités annexes.**
  - 7081. Produits des services exploités dans l'intérêt du personnel.
  - 7082. Commissions et courtages.
  - 7083. Locations diverses.
  - 7084. Mise à disposition de personnel facturée.
  - 7085. Ports et frais accessoires facturés.
  - 7086. Bonis sur reprises d'emballages consignés.
  - 7087. Bonifications obtenues des clients et primes sur ventes.
  - 7088. Autres produits d'activités annexes (cessions d'approvisionnements...).
- **709. Rabais, remises et ristournes accordés par l'entreprise.**
  - 7091. – sur ventes de produits finis.
  - 7092. – sur ventes de produits intermédiaires.
  - 7094. – sur travaux.
  - 7095. – sur études.
  - 7096. – sur prestations de services.
  - 7097. – sur ventes de marchandises.
  - 7098. – sur produits des activités annexes.

71. PRODUCTION STOCKÉE (ou déstockage).

- **713. Variation des stocks (en-cours de production, produits).**
  - 7133. Variation des en-cours de production de biens.
    - 71331. Produits en cours.
    - 71335. Travaux en cours.
  - 7134. Variation des en-cours de production de services.
    - 71341. Études en cours.
    - 71345. Prestations de services en cours.
  - 7135. Variation des stocks de produits.

COMPTES D'IMMOBILISATIONS

Comptes de bilan

2

20. IMMOBILISATIONS INCORPORELLES.

- **201. Frais d'établissement.**
  - 2011. Frais de constitution.
  - 2012. Frais de premier établissement.
    - 20121. Frais de prospection.
    - 20122. Frais de publicité.
  - 2013. Frais d'augmentation de capital et d'opérations diverses (fusions, scissions, transformations).
- 203. Frais de recherche et de développement.
- 205. Concessions et droits similaires, brevets, licences, marques, procédés, logiciels, droits et valeurs similaires.
- **206. Droit au bail.**
- **207. Fonds commercial.**
- **208. Autres immobilisations incorporelles.**
  - 2081. Mali de fusion sur actifs incorporels.

21. IMMOBILISATIONS CORPORELLES.

- 211. Terrains.
  - 2111. Terrains nus.
  - 2112. Terrains aménagés.
  - 2113. Sous-sols et sur-sols.
  - 2114. Terrains de carrières (tréfonds).
  - 2115. Terrains bâtis.
    - 21151. Ensembles immobiliers industriels (A, B...).
    - 21155. Ensembles immobiliers administratifs et commerciaux (A, B...).
    - 21158. Autres ensembles immobiliers.
      - 211581. – Affectés aux opérations professionnelles (A, B...).
      - 211588. – Affectés aux opérations non professionnelles (A, B...).
  - 2116. Compte d'ordre sur immobilisations (art. 6 du décret n° 78-737 du 11 juillet 1978).
- 212. Agencements et aménagements de terrains*.
- 213. Constructions.
  - 2131. Bâtiments.
    - 21311. Ensembles immobiliers industriels (A, B...).
    - 21315. Ensembles immobiliers administratifs et commerciaux (A, B...).
    - 21318. Autres ensembles immobiliers.
      - 213181. – Affectés aux opérations professionnelles (A, B...).
      - 213188. – Affectés aux opérations non professionnelles (A, B...).
  - 2135. Installations générales, agencements, aménagements des constructions*.

17. DETTES RATTACHÉES À DES PARTICIPATIONS.

- 171. Dettes rattachées à des participations (groupe).
- 174. Dettes rattachées à des participations (hors groupe).
- 178. Dettes rattachées à des sociétés en participation.
  - 1781. Principal.
  - 1788. Intérêts courus.

18. COMPTES DE LIAISON DES ÉTABLISSEMENTS ET SOCIÉTÉS EN PARTICIPATION.

- 181. Comptes de liaison des établissements.
- 186. Biens et prestations de services échangés entre établissements (charges).
- 187. Biens et prestations de services échangés entre établissements (produits).
- 188. Comptes de liaison des sociétés en participation.

* Tout compte suivi d'un astérisque est susceptible d'être ventilé comme le compte de même niveau immédiatement supérieur.

71351. Produits intermédiaires.
71355. Produits finis.
71358. Produits résiduels.

72. PRODUCTION IMMOBILISÉE.

- 721. Immobilisations incorporelles.
- 722. Immobilisations corporelles.

74. SUBVENTIONS D'EXPLOITATION.

75. AUTRES PRODUITS DE GESTION COURANTE.

- 751. Redevances pour concessions, brevets, licences, marques, procédés, logiciels, droits et valeurs similaires.
  - 7511. Redevances pour concessions, brevets, licences, marques, procédés, logiciels.
  - 7516. Droits d'auteur et de reproduction.
  - 7518. Autres droits et valeurs similaires.
- 752. Revenus des immeubles non affectés à des activités professionnelles.
- **753. Jetons de présence et rémunérations d'administrateurs, gérants...**
- **754. Ristournes perçues des coopératives (provenant des excédents).**
- **755. Quotes-parts de résultat sur opérations faites en commun.**
  - 7551. Quote-part de perte transférée (comptabilité du gérant).
  - 7555. Quote-part de bénéfice attribuée (comptabilité des associés non-gérants).
- 756. Gains de change sur créances et dettes commerciales.
- 758. Produits divers de gestion courante.

76. PRODUITS FINANCIERS.

- 761. Produits de participations.
  - 7611. Revenus des titres de participation.
  - 7612. Produits de la fiducie – Résultat de la période.
  - 7616. Revenus sur autres formes de participation.
  - 7617. Revenus des créances rattachées à des participations.
- 762. Produits des autres immobilisations financières.
  - 7621. Revenus des titres immobilisés.
  - 7626. Revenus des prêts.
  - 7627. Revenus des créances immobilisées.
- 763. Revenus des autres créances.
  - 7631. Revenus des créances commerciales.
  - 7638. Revenus des créances diverses.
- 764. Revenus des valeurs mobilières de placement.

6865. Dotations aux provisions financières.
6866. Dotations aux dépréciations des éléments financiers.
68662. Immobilisations financières.
68665. Valeurs mobilières de placement.
6868. Autres dotations.

687. Dotations aux amortissements, dépréciations et provisions – Charges exceptionnelles.
6871. Dotations aux amortissements exceptionnels des immobilisations.
6872. Dotations aux provisions réglementées (immobilisations).
68725. Amortissements dérogatoires.
6873. Dotations aux provisions réglementées (stocks).
6874. Dotations aux autres provisions réglementées.
6875. Dotations aux provisions exceptionnelles.
6876. Dotations aux dépréciations exceptionnelles.

69. PARTICIPATION DES SALARIÉS – IMPÔTS SUR LES BÉNÉFICES ET ASSIMILÉS.

691. Participation des salariés aux résultats.

695. Impôts sur les bénéfices.
6951. Impôts dus en France.
6952. Contribution additionnelle à l'impôt sur les bénéfices.
6954. Impôts dus à l'étranger.

696. Suppléments d'impôt sur les sociétés liés aux distributions.

698. Intégration fiscale.
6981. Intégration fiscale – Charges.
6989. Intégration fiscale – Produits.

699. Produits – Report en arrière des déficits.

2138. Ouvrages d'infrastructure.
- 21381. Voies de terre.
- 21382. Voies de fer.
- 21383. Voies d'eau.
- 21384. Barrages.
- 21385. Pistes d'aérodromes.

214. Constructions sur sol d'autrui*.

215. Installations techniques, matériels et outillage industriels.

2151. Installations complexes spécialisées.
- 21511. Sur sol propre.
- 21514. Sur sol d'autrui.

2153. Installations à caractère spécifique.
- 21531. Sur sol propre.
- 21534. Sur sol d'autrui.

2154. Matériel industriel.
2155. Outillage industriel.
2157. Agencements et aménagements du matériel et outillage industriels.

218. Autres immobilisations corporelles.

2181. Installations générales, agencements, aménagements divers.
2182. Matériel de transport.
2183. Matériel de bureau et matériel informatique.
2184. Mobilier.
2185. Cheptel.
2186. Emballages récupérables.
2187. Mali de fusion sur actifs corporels.

22. IMMOBILISATIONS MISES EN CONCESSION.

23. IMMOBILISATIONS EN COURS.

231. Immobilisations corporelles en cours.
- 2312. Terrains.
- 2313. Constructions.
- 2315. Installations techniques, matériel et outillage industriels.
- 2318. Autres immobilisations corporelles.

232. Immobilisations incorporelles en cours.

237. Avances et acomptes versés sur commandes d'immobilisations incorporelles.

238. Avances et acomptes versés sur commandes d'immobilisations corporelles.
- 2382. Terrains.
- 2383. Constructions.
- 2385. Installations techniques, matériel et outillage industriels.
- 2388. Autres immobilisations corporelles.

25. PARTS DANS DES ENTREPRISES LIÉES ET CRÉANCES SUR DES ENTREPRISES LIÉES.

- 6712. Pénalités, amendes fiscales et pénales.
- 6713. Dons, libéralités.
- 6714. Créances devenues irrécouvrables dans l'exercice.
- 6715. Subventions accordées.
- 6717. Rappel d'impôts (autres qu'impôts sur les bénéfices).
- 6718. Autres charges exceptionnelles sur opérations de gestion.

672. (Compte à la disposition des entités pour enregistrer, en cours d'exercice, les charges sur exercices antérieurs.)

674. Opérations de constitution ou liquidation des fiducies.
- 6741. Opérations liées à la constitution de la fiducie – Transfert des éléments.
- 6742. Opérations liées à la liquidation de la fiducie.

675. Valeurs comptables des éléments d'actif cédés.
- 6751. Immobilisations incorporelles.
- 6752. Immobilisations corporelles.
- 6756. Immobilisations financières.
- 6758. Autres éléments d'actif.

678. Autres charges exceptionnelles.
- 6781. Malis provenant de clauses d'indexation.
- 6782. Lots.
- 6783. Malis provenant du rachat par l'entreprise d'actions et obligations émises par elle-même.
- 6788. Charges exceptionnelles diverses.

68. DOTATIONS AUX AMORTISSEMENTS, DÉPRÉCIATIONS ET PROVISIONS.

681. Dotations aux amortissements, dépréciations et provisions – Charges d'exploitation.
- 6811. Dotations aux amortissements sur immobilisations incorporelles et corporelles.
  - 68111. Immobilisations incorporelles.
  - 68112. Immobilisations corporelles.
- 6812. Dotations aux amortissements des charges d'exploitation à répartir.
- 6815. Dotations aux provisions d'exploitation.
- 6816. Dotations pour dépréciations des immobilisations incorporelles et corporelles.
  - 68161. Immobilisations incorporelles.
  - 68162. Immobilisations corporelles.
- 6817. Dotations aux dépréciations des actifs circulants.
  - 68173. Stocks et en-cours.
  - 68174. Créances.

686. Dotations aux amortissements, dépréciations et provisions – Charges financières.
- 6861. Dotations aux amortissements des primes de remboursement des obligations.

26. PARTICIPATIONS ET CRÉANCES RATTACHÉES À DES PARTICIPATIONS.

- 261. Titres de participation.
  - 2611. Actions.
  - 2618. Autres titres.
- 266. Autres formes de participation.
  - 2661. Droits représentatifs d'actifs nets remis en fiducie.
- 267. Créances rattachées à des participations.
  - 2671. Créances rattachées à des participations (groupe).
  - 2674. Créances rattachées à des participations (hors groupe).
  - 2675. Versements représentatifs d'apports non capitalisés (appel de fonds).
  - 2676. Avances consolidables.
  - 2677. Autres créances rattachées à des participations.
  - 2678. Intérêts courus.
- 268. Créances rattachées à des sociétés en participation.
  - 2681. Principal.
  - 2688. Intérêts courus.
- 269. Versements restant à effectuer sur titres de participation non libérés.

27. AUTRES IMMOBILISATIONS FINANCIÈRES.

- 271. Titres immobilisés autres que les titres immobilisés de l'activité de portefeuille (droit de propriété).
  - 2711. Actions.
  - 2718. Autres titres.
- 272. Titres immobilisés (droit de créance).
  - 2721. Obligations.
  - 2722. Bons.
- 273. Titres immobilisés de l'activité de portefeuille.
- 274. Prêts.
  - 2741. Prêts participatifs.
  - 2742. Prêts aux associés.
  - 2743. Prêts au personnel.
  - 2748. Autres prêts.
- 275. Dépôts et cautionnements versés.
  - 2751. Dépôts.
  - 2755. Cautionnements.
- 276. Autres créances immobilisées.
  - 2761. Créances diverses.
  - 2768. Intérêts courus.
    - 27682. Sur titres immobilisés (droits de créance).
    - 27684. Sur prêts.
    - 27685. Sur dépôts et cautionnements.
    - 27688. Sur créances diverses.

65. AUTRES CHARGES DE GESTION COURANTE.

- 651. Redevances pour concessions, brevets, licences, marques, procédés, logiciels, droits et valeurs similaires.
  - 6511. Redevances pour concessions, brevets, licences, marques, procédés, logiciels.
  - 6516. Droits d'auteur et de reproduction.
  - 6518. Autres droits et valeurs similaires.
- 653. Jetons de présence.
- 654. Pertes sur créances irrécouvrables.
  - 6541. Créances de l'exercice.
  - 6544. Créances des exercices antérieurs.
- 655. Quotes-parts de résultat sur opérations faites en commun.
  - 6551. Quote-part de bénéfice transférée (comptabilité du gérant).
  - 6555. Quote-part de perte supportée (comptabilité des associés non gérants).
- 656. Pertes de change sur créances et dettes commerciales.
- 658. Charges diverses de gestion courante.

66. CHARGES FINANCIÈRES.

- 661. Charges d'intérêts.
  - 6611. Intérêts des emprunts et dettes.
    - 66116. – des emprunts et dettes assimilées.
    - 66117. – des dettes rattachées à des participations.
  - 6612. Charges de la fiducie – Résultat de la période.
  - 6615. Intérêts des comptes courants et des dépôts créditeurs.
  - 6616. Intérêts bancaires et sur opérations de financement (escompte…).
  - 6617. Intérêts des obligations cautionnées.
  - 6618. Intérêts des autres dettes.
    - 66181. – des dettes commerciales.
    - 66188. – des dettes diverses.
- 664. Pertes sur créances liées à des participations.
- 665. Escomptes accordés.
- 666. Pertes de change financières.
- 667. Charges nettes sur cessions de valeurs mobilières de placement.
- 668. Autres charges financières.

67. CHARGES EXCEPTIONNELLES.

- 671. Charges exceptionnelles sur opérations de gestion.
  - 6711. Pénalités sur marchés (et dédits payés sur achats et ventes).

- 277. Actions propres ou parts propres.
  - 2771. Actions propres ou parts propres.
  - 2772. Actions propres ou parts propres en voie d'annulation.
- 278. Mali de fusion sur actifs financiers.
- 279. Versements restant à effectuer sur titres immobilisés non libérés.

28. AMORTISSEMENTS DES IMMOBILISATIONS.

- **280. Amortissements des immobilisations incorporelles.**
  - 2801. Frais d'établissement (même ventilation que celle du compte 201).
  - 2803. Frais de recherche et de développement.
  - 2805. Concessions et droits similaires, brevets, licences, logiciels, droits et valeurs similaires.
  - 2807. Fonds commercial.
  - 2808. Autres immobilisations incorporelles.
    - 28081. Amortissement du mali de fusion sur actifs incorporels.
- **281. Amortissements des immobilisations corporelles.**
  - 2812. Agencements, aménagements de terrains (même ventilation que celle du compte 212).
  - 2813. Constructions (même ventilation que celle du compte 213).
  - 2814. Constructions sur sol d'autrui (même ventilation que celle du compte 214).
  - 2815. Installations techniques, matériel et outillage industriels (même ventilation que celle du compte 215).
  - 2818. Autres immobilisations corporelles (même ventilation que celle du compte 218).
- 282. Amortissements des immobilisations mises en concession.

29. DÉPRÉCIATIONS DES IMMOBILISATIONS.

- **290. Dépréciations des immobilisations incorporelles.**
  - 2905. Marques, procédés, droits et valeurs similaires.
  - 2906. Droit au bail.
  - 2907. Fonds commercial.
  - 2908. Autres immobilisations incorporelles.
    - 29081. Dépréciation du mali de fusion sur actifs incorporels.
- **291. Dépréciations des immobilisations corporelles (même ventilation que celle du compte 21).**
- 292. Dépréciations des immobilisations mises en concession.
- 293. Dépréciations des immobilisations en cours.
  - 2931. Immobilisations corporelles en cours.
  - 2932. Immobilisations incorporelles en cours.
- 296. Dépréciations des participations et créances rattachées à des participations.

2961. Titres de participation.
2966. Autres formes de participation.
2967. Créances rattachées à des participations (même ventilation que celle du compte 267).
2968. Créances rattachées à des sociétés en participation (même ventilation que celle du compte 268).

297. Dépréciations des autres immobilisations financières.

2971. Titres immobilisés autres que les titres immobilisés de l'activité de portefeuille, droit de propriété (même ventilation que celle du compte 271).
2972. Titres immobilisés, droit de créance (même ventilation que celle du compte 272).
2973. Titres immobilisés de l'activité de portefeuille.
2974. Prêts (même ventilation que celle du compte 274).
2975. Dépôts et cautionnements versés (même ventilation que celle du compte 275).
2976. Autres créances immobilisées (même ventilation que celle du compte 276).
29787. Dépréciation du mali de fusion sur actifs financiers.

* Tout compte suivi d'un astérisque est susceptible d'être ventilé comme le compte de même niveau immédiatement supérieur.

6335. Versements libératoires ouvrant droit à l'exonération de la taxe d'apprentissage.
6338. Autres.

635. Autres impôts, taxes et versements assimilés (administrations des impôts).
6351. Impôts directs (sauf impôts sur les bénéfices).
63511. Contribution économique territoriale.
63512. Taxes foncières.
63513. Autres impôts locaux.
63514. Taxe sur les véhicules des sociétés.
6352. Taxes sur le chiffre d'affaires non récupérables.
6353. Impôts indirects.
6354. Droits d'enregistrement et de timbre.
63541. Droits de mutation.
6358. Autres droits.

637. Autres impôts, taxes et versements assimilés (autres organismes).
6371. Contribution sociale de solidarité à la charge des sociétés.
6372. Taxes perçues par les organismes publics internationaux.
6374. Impôts et taxes exigibles à l'étranger.
6378. Taxes diverses.

64. CHARGES DE PERSONNEL.

641. Rémunérations du personnel.
6411. Salaires, appointements.
6412. Congés payés.
6413. Primes et gratifications.
6414. Indemnités et avantages divers.
6415. Supplément familial.

644. Rémunération du travail de l'exploitant.

645. Charges de Sécurité sociale et de prévoyance.
6451. Cotisations à l'URSSAF.
6452. Cotisations aux mutuelles.
6453. Cotisations aux caisses de retraite.
6454. Cotisations à Pôle emploi.
6458. Cotisations aux autres organismes sociaux.

646. Cotisations sociales personnelles de l'exploitant.

647. Autres charges sociales.
6471. Prestations directes.
6472. Versements aux comités d'entreprise et d'établissement.
6473. Versements aux comités d'hygiène et de sécurité.
6474. Versements aux autres œuvres sociales.
6475. Médecine du travail, pharmacie.

648. Autres charges de personnel.

6234. Cadeaux à la clientèle.
6235. Primes.
6236. Catalogues et imprimés.
6237. Publications.
6238. Divers (pourboires, dons courants...).

624. Transports de biens et transports collectifs du personnel.
6241. Transports sur achats.
6242. Transports sur ventes.
6243. Transports entre établissements ou chantiers.
6244. Transports administratifs.
6247. Transports collectifs du personnel.
6248. Divers.

625. Déplacements, missions et réceptions.
6251. Voyages et déplacements.
6255. Frais de déménagement.
6256. Missions.
6257. Réceptions.

626. Frais postaux et de télécommunications.

627. Services bancaires et assimilés.
6271. Frais sur titres (achat, vente, garde).
6272. Commissions et frais sur émission d'emprunts.
6275. Frais sur effets.
6276. Location de coffres.
6278. Autres frais et commissions sur prestations de services.

628. Divers.
6281. Concours divers (cotisations...).
6284. Frais de recrutement de personnel.

629. Rabais, remises et ristournes obtenus sur autres services extérieurs.

63. IMPÔTS, TAXES ET VERSEMENTS ASSIMILÉS.

631. Impôts, taxes et versements assimilés sur rémunérations (administrations des impôts).
6311. Taxe sur les salaires.
6312. Taxe d'apprentissage.
6313. Participation des employeurs à la formation professionnelle continue.
6314. Cotisation pour défaut d'investissement obligatoire dans la construction.
6318. Autres.

633. Impôts, taxes et versements assimilés sur rémunérations (autres organismes).
6331. Versement de transport.
6332. Allocations logement.
6333. Contribution unique des employeurs à la formation professionnelle.
6334. Participation des employeurs à l'effort de construction.

COMPTES DE STOCKS ET EN-COURS

Comptes de bilan

31. MATIÈRES PREMIÈRES (ET FOURNITURES).

- 311. Matière (ou groupe) A.
- 312. Matière (ou groupe) B.
- 317. Fournitures A, B, C...

32. AUTRES APPROVISIONNEMENTS.

- 321. Matières consommables.
  - 3211. Matière (ou groupe) C.
  - 3212. Matière (ou groupe) D.
- 322. Fournitures consommables.
  - 3221. Combustibles.
  - 3222. Produits d'entretien.
  - 3223. Fournitures d'atelier et d'usine.
  - 3224. Fournitures de magasin.
  - 3225. Fournitures de bureau.
- 326. Emballages.
  - 3261. Emballages perdus.
  - 3265. Emballages récupérables non identifiables.
  - 3267. Emballages à usage mixte.

33. EN-COURS DE PRODUCTION DE BIENS.

- 331. Produits en cours.
  - 3311. Produit en cours P 1.
  - 3312. Produit en cours P 2.
- 335. Travaux en cours.
  - 3351. Travaux en cours T 1.
  - 3352. Travaux en cours T 2.

34. EN-COURS DE PRODUCTION DE SERVICES.

- 341. Études en cours.
  - 3411. Études en cours E 1.
  - 3412. Études en cours E 2.
- 345. Prestations de services en cours.
  - 3451. Prestations de services S 1.
  - 3452. Prestations de services S 2.

35. STOCKS DE PRODUITS.

- 351. Produits intermédiaires.
  - 3511. Produits intermédiaires (ou groupe) A.
  - 3512. Produits intermédiaires (ou groupe) B.
- 355. Produits finis.
  - 3551. Produits finis (ou groupe) A.
  - 3552. Produits finis (ou groupe) B.
- 358. Produits résiduels (ou matières de récupération).
  - 3581. Déchets.
  - 3585. Rebuts.
  - 3586. Matières de récupération.

36. (COMPTE À OUVRIR, LE CAS ÉCHÉANT, SOUS L'INTITULÉ « STOCKS PROVENANT D'IMMOBILISATIONS ».)

5193. Mobilisation de créances nées à l'étranger.
5198. Intérêts courus sur concours bancaires courants.

52. INSTRUMENTS FINANCIERS À TERME ET JETONS DÉTENUS.

521. Instruments financiers à terme.
522. Jetons détenus.
523. Jetons auto-détenus.
524. Jetons empruntés.

53. CAISSE.

● 531. Caisse siège social.
5311. Caisse en monnaie nationale.
5314. Caisse en devises.

● 532. Caisse succursale (ou usine) A.

● 533. Caisse succursale (ou usine) B.

54. RÉGIES D'AVANCE ET ACCRÉDITIFS.

58. VIREMENTS INTERNES.

59. DÉPRÉCIATIONS DES COMPTES FINANCIERS.

● **590. Dépréciations des valeurs mobilières de placement.**
5903. Actions.
5904. Autres titres conférant un droit de propriété.
5906. Obligations.
5908. Autres valeurs mobilières de placement et créances assimilées.

42. PERSONNEL ET COMPTES RATTACHÉS.

- **421. Personnel – Rémunérations dues.**
- 422. Comités d'entreprise, d'établissement...
- 424. Participation des salariés aux résultats.
  - 4246. Réserve spéciale (art. L. 442-2 du Code du travail).
  - 4248. Comptes courants.
- 425. Personnel – Avances et acomptes.
- 426. Personnel – Dépôts.
- 427. Personnel – Oppositions.
- **428. Personnel – Charges à payer et produits à recevoir.**
  - 4282. Dettes provisionnées pour congés à payer.
  - 4284. Dettes provisionnées pour participation des salariés aux résultats.
  - 4286. Autres charges à payer.
  - 4287. Produits à recevoir.

43. SÉCURITÉ SOCIALE ET AUTRES ORGANISMES SOCIAUX.

- 431. Sécurité sociale.
- 437. Autres organismes sociaux.
- 438. Organismes sociaux – Charges à payer et produits à recevoir.
  - 4382. Charges sociales sur congés à payer.
  - 4386. Autres charges à payer.
  - 4387. Produits à recevoir.

44. ÉTAT ET AUTRES COLLECTIVITÉS PUBLIQUES.

- 441. État – Subventions à recevoir.
  - 4411. Subventions d'investissement.
  - 4417. Subventions d'exploitation.
  - 4418. Subventions d'équilibre.
  - 4419. Avances sur subventions.
- 442. État – Impôts et taxes recouvrés pour le compte de l'État.
  - 4421. Prélèvements à la source (Impôt sur le revenu).
  - 4422. Prélèvements forfaitaires non libératoires.
  - 4423. Retenues et prélèvements sur les distributions.
  - 4424. Obligataires.
  - 4425. Associés.
- 443. Opérations particulières avec l'État, les collectivités publiques, les organismes internationaux.
  - 4431. Créances sur l'État résultant de la suppression de la règle du décalage d'un mois en matière de TVA.
  - 4438. Intérêts courus sur créances figurant au compte 4431.

COMPTES DE TIERS

Comptes de bilan

40. FOURNISSEURS ET COMPTES RATTACHÉS.

- **400. Fournisseurs et comptes rattachés.**
- 401. Fournisseurs.
  - 4011. Fournisseurs – Achats de biens et prestations de services.
  - 4017. Fournisseurs – Retenues de garantie.
- 403. Fournisseurs – Effets à payer.
- 404. Fournisseurs d'immobilisations.
  - 4041. Fournisseurs – Achats d'immobilisations.
  - 4047. Fournisseurs d'immobilisations – Retenues de garantie.
- 405. Fournisseurs d'immobilisations – Effets à payer.
- 408. Fournisseurs – Factures non parvenues.
  - 4081. Fournisseurs.
  - 4084. Fournisseurs d'immobilisations.
  - 4088. Fournisseurs – Intérêts courus.
- **409. Fournisseurs débiteurs.**
  - 4091. Fournisseurs – Avances et acomptes versés sur commandes.
  - 4096. Fournisseurs – Créances pour emballages et matériel à rendre.
  - 4097. Fournisseurs – Autres avoirs.
    - 40971. Fournisseurs d'exploitation.
    - 40974. Fournisseurs d'immobilisations.
  - 4098. Rabais, remises, ristournes à obtenir et autres avoirs non encore reçus.

41. CLIENTS ET COMPTES RATTACHÉS.

- **410. Clients et comptes rattachés.**
- 411. Clients.
  - 4111. Clients – Ventes de biens ou de prestations de services.
  - 4117. Clients – Retenues de garantie.
- 413. Clients – Effets à recevoir.
- 416. Clients douteux ou litigieux.
- 418. Clients – Produits non encore facturés.
  - 4181. Clients – Factures à établir.
  - 4188. Clients – Intérêts courus.
- **419. Clients créditeurs.**
  - 4191. Clients – Avances et acomptes reçus sur commandes.
  - 4196. Clients – Dettes sur emballages et matériels consignés.
  - 4197. Clients – Autres avoirs.
  - 4198. Rabais, remises, ristournes à accorder et autres avoirs à établir.

COMPTES DE CHARGES

Comptes de gestion

60. ACHATS (SAUF 603).

- 601. Achats stockés. – Matières premières (et fournitures).
  - 6011. Matières (ou groupe) A.
  - 6012. Matières (ou groupe) B.
  - 6017. Fournitures A, B, C...
- 602. Achats stockés. – Autres approvisionnements.
  - 6021. Matières consommables.
    - 60211. Matières (ou groupe) C.
    - 60212. Matières (ou groupe) D.
  - 6022. Fournitures consommables.
    - 60221. Combustibles.
    - 60222. Produits d'entretien.
    - 60223. Fournitures d'atelier et d'usine.
    - 60224. Fournitures de magasin.
    - 60225. Fournitures de bureau.
  - 6026. Emballages.
    - 60261. Emballages perdus.
    - 60265. Emballages récupérables non identifiables.
    - 60267. Emballages à usage mixte.
- **603. Variation des stocks (approvisionnements et marchandises).**
  - 6031. Variation des stocks de matières premières (et fournitures).
  - 6032. Variation des stocks des autres approvisionnements.
  - 6037. Variation des stocks de marchandises.
- 604. Achats d'études et prestations de services.
- 605. Achats de matériel, équipements et travaux.
- 606. Achats non stockés de matières et fournitures.
  - 6061. Fournitures non stockables (eau, énergie...).
  - 6063. Fournitures d'entretien et de petit équipement.
  - 6064. Fournitures administratives.
  - 6068. Autres matières et fournitures.
- 607. Achats de marchandises.
  - 6071. Marchandise (ou groupe) A.
  - 6072. Marchandise (ou groupe) B.
- 608. (Compte réservé, le cas échéant, à la récapitulation des frais accessoires incorporés aux achats.)
- 609. Rabais, remises et ristournes obtenus sur achats.
  - 6091. – de matières premières (et fournitures).
  - 6092. – d'autres approvisionnements stockés.
  - 6094. – d'études et prestations de services.
  - 6095. – de matériel, équipements et travaux.
  - 6096. – d'approvisionnements non stockés.
  - 6097. – de marchandises.
  - 6098. Rabais, remises et ristournes non affectés.

61/62. AUTRES CHARGES EXTERNES.

37. STOCKS DE MARCHANDISES.

- 371. Marchandises (ou groupe) A.
- 372. Marchandises (ou groupe) B.

38. (LORSQUE L'ENTITÉ TIENT UN INVENTAIRE PERMANENT EN COMPTABILITÉ GÉNÉRALE, LE COMPTE 38 PEUT ÊTRE UTILISÉ POUR COMPTABILISER LES STOCKS EN VOIE D'ACHEMINEMENT, MIS EN DÉPÔT OU DONNÉS EN CONSIGNATION.)

39. DÉPRÉCIATIONS DES STOCKS ET EN-COURS.

- **391. Dépréciations des matières premières (et fournitures).**
  - 3911. Matières (ou groupe) A.
  - 3912. Matières (ou groupe) B.
  - 3917. Fournitures A, B, C...
- **392. Dépréciations des autres approvisionnements.**
  - 3921. Matières consommables (même ventilation que celle du compte 321).
  - 3922. Fournitures consommables (même ventilation que celle du compte 322).
  - 3926. Emballages (même ventilation que celle du compte 326).
- **393. Dépréciations des en-cours de production de biens.**
  - 3931. Produits en cours (même ventilation que celle du compte 331).
  - 3935. Travaux en cours (même ventilation que celle du compte 335).
- **394. Dépréciations des en-cours de production de services.**
  - 3941. Études en cours (même ventilation que celle du compte 341).
  - 3945. Prestations de services en cours (même ventilation que celle du compte 345).
- **395. Dépréciations des stocks de produits.**
  - 3951. Produits intermédiaires (même ventilation que celle du compte 351).
  - 3955. Produits finis (même ventilation que celle du compte 355).
- **397. Dépréciations des stocks de marchandises.**
  - 3971. Marchandise (ou groupe) A.
  - 3972. Marchandise (ou groupe) B.

61. SERVICES EXTÉRIEURS.

- 611. Sous-traitance générale.
- 612. Redevances de crédit-bail.
  - 6122. Crédit-bail mobilier.
  - 6125. Crédit-bail immobilier.
- 613. Locations.
  - 6132. Locations immobilières.
  - 6135. Locations mobilières.
  - 6136. Malis sur emballages.
- 614. Charges locatives et de copropriété.
- 615. Entretien et réparations.
  - 6152. – sur biens immobiliers.
  - 6155. – sur biens mobiliers.
  - 6156. Maintenance.
- 616. Primes d'assurance.
  - 6161. Multirisques.
  - 6162. Assurance obligatoire dommage-construction.
  - 6163. Assurance-transport.
    - 61636. – sur achats.
    - 61637. – sur ventes.
    - 61638. – sur autres biens.
  - 6164. Risques d'exploitation.
  - 6165. Insolvabilité clients.
- 617. Études et recherches.
- 618. Divers.
  - 6181. Documentation générale.
  - 6183. Documentation technique.
  - 6185. Frais de colloques, séminaires, conférences.
- 619. Rabais, remises et ristournes obtenus sur services extérieurs.

62. AUTRES SERVICES EXTÉRIEURS.

- 621. Personnel extérieur à l'entreprise.
  - 6211. Personnel intérimaire.
  - 6214. Personnel détaché ou prêté à l'entreprise.
- 622. Rémunérations d'intermédiaires et honoraires.
  - 6221. Commissions et courtages sur achats.
  - 6222. Commissions et courtages sur ventes.
  - 6224. Rémunérations des transitaires.
  - 6225. Rémunérations d'affacturage.
  - 6226. Honoraires.
  - 6227. Frais d'actes et de contentieux.
  - 6228. Divers.
- 623. Publicité, publications, relations publiques.
  - 6231. Annonces et insertions.
  - 6232. Échantillons.
  - 6233. Foires et expositions.

444. État – Impôts sur les bénéfices.

445. État – Taxes sur le chiffre d'affaires.

4452. TVA due intracommunautaire.

4455. Taxes sur le chiffre d'affaires à décaisser.

44551. TVA à décaisser.

44558. Taxes assimilées à la TVA.

4456. Taxes sur le chiffre d'affaires déductibles.

44562. TVA sur immobilisations.

44563. TVA transférée par d'autres entreprises.

44566. TVA sur autres biens et services.

44567. Crédit de TVA à reporter.

44568. Taxes assimilées à la TVA.

4457. Taxes sur le chiffre d'affaires collectées par l'entreprise.

44571. TVA collectée.

44578. Taxes assimilées à la TVA.

4458. Taxes sur le chiffre d'affaires à régulariser ou en attente.

44581. Acomptes – Régime simplifié d'imposition.

44582. Acomptes – Régime du forfait.

44583. Remboursement de taxes sur le chiffre d'affaires demandé.

44584. TVA récupérée d'avance.

44586. Taxes sur le chiffre d'affaires sur factures non parvenues.

44587. Taxes sur le chiffre d'affaires sur factures à établir.

446. Obligations cautionnées.

447. Autres impôts, taxes et versements assimilés.

448. État – Charges à payer et produits à recevoir.

4482. Charges fiscales sur congés à payer.

4486. Charges à payer.

4487. Produits à recevoir.

449. Quotas d'émission à acquérir.

45. GROUPE ET ASSOCIÉS.

451. Groupe.

455. Associés – Comptes courants.

4551. Principal.

4558. Intérêts courus.

456. Associés – Opérations sur le capital.

4561. Associés – Comptes d'apport en société.

45611. Apports en nature.

45615. Apports en numéraire.

4562. Apporteurs – Capital appelé, non versé.

45621. Actionnaires – Capital souscrit et appelé, non versé.

45625. Associés – Capital appelé, non versé.

COMPTES FINANCIERS

Comptes de bilan

50. VALEURS MOBILIÈRES DE PLACEMENT.

- 501. Parts dans des entreprises liées.
- 502. Actions propres.
  - 5021. Actions destinées à être attribuées aux employés et affectées à des plans déterminés.
  - 5022. Actions disponibles pour être attribuées aux employés ou pour la régularisation des cours de bourse.
- 503. Actions.
  - 5031. Titres cotés.
  - 5035. Titres non cotés.
- 504. Autres titres conférant un droit de propriété.
- 505. Obligations et bons émis par la société et rachetés par elle.
- 506. Obligations.
  - 5061. Titres cotés.
  - 5065. Titres non cotés.
- 507. Bons du Trésor et bons de caisse à court terme.
- 508. Autres valeurs mobilières de placement et autres créances assimilées.
  - 5081. Autres valeurs mobilières.
  - 5082. Bons de souscription.
  - 5088. Intérêts courus sur obligations, bons et valeurs assimilées.
- 509. Versements restant à effectuer sur valeurs mobilières de placement non libérées.

5

51. BANQUES, ÉTABLISSEMENTS FINANCIERS ET ASSIMILÉS.

- 511. Valeurs à l'encaissement.
  - 5111. Coupons échus à l'encaissement.
  - 5112. Chèques à encaisser.
  - 5113. Effets à l'encaissement.
  - 5114. Effets à l'escompte.
- 512. Banques.
  - 5121. Comptes en monnaie nationale.
  - 5124. Comptes en devises.
- 514. Chèques postaux.
- 515. « Caisses » du Trésor et des établissements publics.
- 516. Sociétés de bourse.
- 517. Autres organismes financiers.
- 518. Intérêts courus.
  - 5181. Intérêts courus à payer.
  - 5188. Intérêts courus à recevoir.
- 519. Concours bancaires courants.
  - 5191. Crédit de mobilisation de créances commerciales (CMCC).

4563. Associés – Versements reçus sur augmentation de capital.
4564. Associés – Versements anticipés.
4566. Actionnaires défaillants.
4567. Associés – Capital à rembourser.

- 457. Associés – Dividendes à payer.
- 458. Associés – Opérations faites en commun et en GIE.
  4581. Opérations courantes.
  4588. Intérêts courus.

46. DÉBITEURS DIVERS ET CRÉDITEURS DIVERS.

- 462. Créances sur cessions d'immobilisations.
- 464. Dettes sur acquisitions de valeurs mobilières de placement.
- 465. Créances sur cessions de valeurs mobilières de placement.
- 467. Autres comptes débiteurs ou créditeurs.
- 468. Divers – Charges à payer et produits à recevoir.
  4686. Charges à payer.
  4687. Produits à recevoir.

47. COMPTES TRANSITOIRES OU D'ATTENTE.

- 471. Compte d'attente.
- 472. Compte d'attente.
- 473. Compte d'attente.
- 474. Différences d'évaluation de jetons sur des passifs.
  4746. Différence d'évaluation de jetons sur des passifs – ACTIF.
  4747. Différence d'évaluation de jetons sur des passifs – PASSIF.
- 475. Compte d'attente.
- 476. Différence de conversion – ACTIF.
  4761. Diminution des créances.
  4762. Augmentation des dettes.
  4768. Différences compensées par couverture de change.
- 477. Différence de conversion – PASSIF.
  4771. Augmentation des créances.
  4772. Diminution des dettes.
  4778. Différences compensées par couverture de change.
- 478. Autres comptes transitoires.
  4786. Différences d'évaluation – ACTIF.
    47861. Différence d'évaluation sur instruments financiers à terme – ACTIF.
    47862. Différence d'évaluation sur jetons détenus – ACTIF.

Différence d'évaluation – PASSIF.

4787[illegible]. Différence d'évaluation sur instruments financiers à terme – PASSIF.

4787[illegible]. Différence d'évaluation sur jetons détenus – PASSIF.

48. COMPTES DE RÉGULARISATION.

- **481. Charges à répartir sur plusieurs exercices.**
  - 4816. Frais d'émission des emprunts.
- **486. Charges constatées d'avance.**
- **487. Produits constatés d'avance.**
  - 4871. Produits constatés d'avance sur jetons émis.
- 488. Comptes de répartition périodique des charges et des produits.
  - 4886. Charges.
  - 4887. Produits.

49. DÉPRÉCIATIONS DES COMPTES DE TIERS.

- **491. Dépréciations des comptes de clients.**
- 495. Dépréciations des comptes du groupe et des associés.
  - 4951. Comptes du groupe.
  - 4955. Comptes courants des associés.
  - 4958. Opérations faites en commun et en GIE.
- **496. Dépréciations des comptes de débiteurs divers.**
  - 4962. Créances sur cessions d'immobilisations.
  - 4965. Créances sur cessions de valeurs mobilières de placement.
  - 4967. Autres comptes débiteurs.

Mise à jour janvier 2021.

Conforme au règlement n° 2014-03 du 5 juin 2014, version consolidée au 1er janvier 2021.

ISBN 978-2-09-167235-9
9 782091 672359